De brief

Inge Bergh

De brief

Met prenten van Peter-Paul Rauwerda

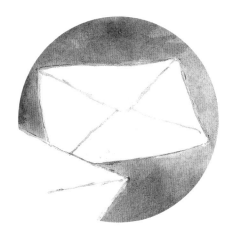

UITGEVERIJ
DE EENHOORN

Voor eerste lezers.
Lezen na 9 maanden leesonderwijs.
AVI 3

Voor Skrolan en Sophie, en heel in het bijzonder voor Florian en Matthias.

I.B.

© Tekst: Inge Bergh
© Illustraties en omslagtekening: Peter-Paul Rauwerda
Druk: Oranje, Sint-Baafs-Vijve

© 2008 Uitgeverij De Eenhoorn bvba, Vlasstraat 17, B-8710 Wielsbeke
D/2008/6048/18
NUR 287
ISBN 978-90-5838-476-8

NEDERLANDSE
KINDERJURY
2009

www.eenhoorn.be

Dag.
Ik ben Kaat.

Mijn broer heet Tom.
Hij is al negen.
En hij heeft altijd geluk.

Ik ben zeven.
En daar is niks aan.
Ik wil negen zijn.
En brieven krijgen.
Veel brieven.
Net als Tom!

Kijk, er steekt er weer een in de bus.
Een echte brief. Voor Tom.
Alweer.
Ik zit in de boomhut,
vlak bij de bus.
En ik zie hoe Tom de brief pakt.

Hij lacht,
zwaait met de brief
en steekt zijn tong uit naar mij.
Wat gemeen!
Zingend rent hij naar de deur.

Ik klim uit de boom
en doe het deurtje van de bus open.
Ik steek mijn hoofd er diep in.
Maar de bus is leeg.
Geen brief voor mij.

Het is niet eerlijk!
Dit maakt me boos!
Ik ben de enige die nooit post krijgt!

Ik stamp op het pad.
Ik gooi de deur met een klap dicht.
Bonk!
Het hele huis trilt.
Ik ben kwaad!
En iedereen mag het horen.
Ik wil ook een brief!

Tom zit op de sofa.
Hij leest de brief.
Zin na zin.
Hij leest snel.
Als hij klaar is,
leest hij de brief nog eens.

Dag Tom,
Morgen voetbal op het plein.
Doe je mee?
Dan komt mijn ma je halen.
En ze brengt je weer terug.
Is dat goed?
Je vriend,
Stan

Tom springt op.
Hij legt de brief op de kast.
En rent naar mam.
Die ligt te slapen in de zon.
Mag ik met Stan spelen?
Morgen op het plein?
Mag het, mam?
roept hij haar wakker.

Ik ben alleen in de kamer.
Snel kijk ik rond.
Er is niemand in de buurt.
En op de kast ligt de brief.
De brief van Tom.
Altijd voor Tom!
Mijn hart bonkt boos.

Dan steek ik mijn hand uit.
Ik neem de brief
en prop hem in mijn zak.
Heel diep.
Nu heeft Tom geen brief meer.
Net als ik.

Ik lach in mijn vuistje.
Tom heeft niks
wat ik niet heb!
Zo is het goed.

speel

m

m

14

Ik speel met mijn pop.
Ik leg een puzzel.
En bouw een toren van blokken.

Speel je mee?
vraag ik lief aan Tom.
Tom kijkt me niet eens aan.
Hij kijkt bedrukt.
Zoekend loopt hij rond.
Hij wil niet spelen.

Ik speel dan maar alleen.
Blader een beetje in een boek.
En pruts wat met klei.
Maar zo is het niet leuk.
Echt niet.

Tom mokt en moppert.
Hij wil niet zeggen waarom.
Ook niet aan mam.
Mam kijkt ook al boos.
Tom, zeg toch wat er is!
roept ze.

Ik weet wat er is.
Hij wil zijn brief.
De brief die ik heb gepakt.
Maar ik geef hem niet terug.
Hij heeft al brieven genoeg!

Ik sluip de trap op
en ga op bed liggen.
Ik wil niet denken aan de brief
heel diep in mijn zak.

Ik sluit mijn ogen.
Maar steeds zie ik Tom.
Tom zoekt naar zijn brief.
Tom mokt.
En mam wordt boos.
Het lijkt wel een film.
Wat voel ik me gemeen!
Ik ben een dief.

De brief brandt in mijn zak.
Ik neem hem eruit.
Traag strijk ik de kreuken glad
en lees de zinnen.
'Dag Tom,' staat er.

Het zal nooit écht mijn brief zijn.
Want mijn naam staat er niet op.

Ik slof naar Tom toe.
Ik durf het bijna niet te zeggen.
Maar het moet.

Tom ligt op de sofa.
Hij speelt niet.
Hij leest niet.
Hij plaagt me zelfs niet.
Hij ligt daar maar te liggen.

Ik ga naast hem zitten.
Het spijt me Tom, zeg ik.
Mijn stem trilt een beetje.
Ik wil niet dat je boos bent.
Ik had je brief.
Kijk.
Je krijgt hem terug.

Tom kijkt me aan.
Hij kijkt niet blij.
Ik slik.
Tom rukt de brief uit mijn hand
en geeft me een duw.
Dan loopt hij weg.
Met de brief in zijn hand.
Zonder een woord.

Ik zit op de sofa.
Heel alleen.
Tom wil me niet meer zien.
Pap is gaan fietsen
en mam is in de tuin.

Ik leg mijn hoofd op mijn arm.
Mijn buik doet pijn.
Ik voel me zo rot.
Maar het is mijn eigen schuld!

Dan komt mam.
In haar hand heeft ze een brief.
Hier Kaat, die zat in de bus.
Hij is voor jou!

Ik lees de brief.
Woord voor woord.
Ik lees nog niet zo snel.

Dag Kaat,

Soms vind ik je lief.
Maar vandaag niet.
En toch stuur ik je een brief.
Omdat je zo eerlijk was.
Nu heb je je eigen brief.
Dus pak nooit meer die van mij!

Liefs,
van je broer Tom